Georges ROSE Fils & H. RYVEZ

Le Prestige de l'Uniforme

VAUDEVILLE EN UN ACTE

Joué pour la première fois au Concert des ARTS

Le 22 décembre 1900

4 H. 2 F.

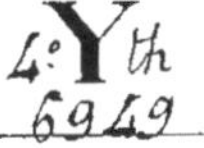

PARIS

C. JOUBERT, Éditeur, 25, rue d'Hauteville.

Répertoire de la Société Lyrique.

Anciennes Maisons BRANDUS & JOUBERT réunies

C. JOUBERT, Successeur

ÉDITEUR DE MUSIQUE

PARIS. — 25, Rue d'Hauteville, 25. — PARIS

RÉPERTOIRE

DES OUVRAGES DE CONCERT EN UN ACTE

ABRÉVIATIONS : **D.** Veut dire du répertoire de la Société Dramatique, 8, rue Hippolyte Lebas. — Le surplus appartient au répertoire de la Société Lyrique, 10, rue Chaptal.

LOC. Veut dire : La musique n'est qu'en location et ne se vend pas.

Opérettes et Vaudevilles de Concert

AUTEURS	TITRES DES ŒUVRES	Hommes.	Femm	Prix nets
Saint-Maurice. .	Abricot (L') d.	troupe	»	loc.
D. Campisiano. .	Absalon.	2	1	6 »
Vallès-Garnier.	Affaire Cœurdeveau (L'). . .	5	1	loc.
F. Bernicat. . .	Agence Rabourdin (L'). . . .	1	1	5 »
Japy.	A huitaine.	troupe	»	5 »
C. Roland. . . .	Aiguilleur (L') d	1	1	loc.
Bessière-Ruffier.	Ami Vandière (L) d. . . .	7	6	loc.
G. Street. . . .	Amour en livrée (L').	3	1	5 »
Desormes. . . .	Amour et l'appétit (L'). . . .	1	1	4 »
Vallès-Garnier.	Amour et sauvetage. . . .	3	2	loc.
A. Petit.	Amoureux d'Yvonne (Les) d.	5	3	loc.
V. Roger	Amour Quinze-Vingt (L') . .	3	1	4 »
Bottin, Boulay-Layrice.	Amours d'un piston (Les) . .	3	2	loc.
Desormes. . . .	Antoine et Cléopâtre d. . . .	2	1	4 »
Bessier-Moreau. .	Aphrodites (Les) d.	4	8	loc.
Dorfeuil-Moreau	Après la vie de Bohême d. .	troupe	»	loc.
J. Emmecé. . .	A qui le gosse ?	troupe	»	loc.
Monnery-Marien.	Argot tel qu'on le parle (L) .	5	3	loc.
M. Chautagne. .	Arracheuse de dents (L'). . .	2	1	4 »
Dourel, Roydel, Monjardin	Artistes pour rire d	6	4	loc.
Géraldy.	Ascension du Mont-Blanc (L').	1	1	4 »
L. Martin-Dubem	Auberge du Tambour battant (L') .	2	2	loc.
Oudot-de Gorsse	Au Chat qui pelote d. . . .	troupe	»	loc.
Banès.	Au Coq huppé.	3	2	5 »
Uzès	Au soleil d'or d.	3	2	6 »
Lebreton-Moreau	Au temps des cerises d. . . .	5	3	loc.
Guérineau. . . .	Auteur par amour.	1	2	5 »
Lebreton-Moreau	Autour d'une guérite d. . .	3	2	loc.
Henry Moreau. .	Avant le bal.	1	1	3 »
Colonge, Garofalo, Combret	Baba Bouzouck d.	5	6	loc.
Deransart. . . .	Baigneur et nageuse.	1	1	3 »
Autigeon, Dourel-Roydel.	Baigneuses de Cocotteville (Les)	5	9	loc.
Leserre.	Barbe-Bleue.	1	»	2 »
Ratcée-Tranchant. .	Bataillon Desroches (Le) d. .	10	10	loc.
Autigeon-Despiau. .	Battage (Le).	2	1	loc.
A. Moyne. . . .	Béguin d.	2	1	loc.
Lebreton-St-Paul . .	Belle-mère est sans pitié (La).	2	2	loc.
Moreau-Touzé. .	Belle-mère, nouveau jeu. . .	1	3	loc.
Wachs.	Bibi ou l'Enfant de l'Amour	1	1	4 »
Cellier-Joullot .	Boudoir discret. d.	2	1	loc.
Moreau-Gramet.	Bougnol et Bougnol.	4	2	loc.
Villebichot. . .	Boum ! Servez chaud. . . .	3	2	4 »
Hubans.	Brelan de bègues.	2	1	5 »
F. Bernicat . . .	Cadets de Gascogne	troupe		7 »
Banès.	Cadiguette (La).	1	1	5 »
Javelot.	Calino amoureux.	2	1	3 »
Chevalet-Audray	Canne d'un grand homme (La) d	2	2	loc.
Lebreton-Moreau	Ça porte bonheur	5	3	loc
V. Herpin. . . .	Capricorne (Le).	troupe	»	loc.
F. Barbier. . .	Carmagnole (La).	3	3	5 »
Lebreton-Moreau	Carnaval conjugal (Le) d. . .	9	9	loc.
Autigeon-Despiau. . .	Cascadin et Cie.	6	5	loc
Chabaud, Colonge-Tranchant	Ce pauvre Bobinet.	2	1	loc.
E. Soudant . .	Ces canailles de couturières ! d	6	6	loc.
Chelu.	Chambre à louer	1	1	2 »
Cuvillier	Chambre à part d.	4	2	loc.
Henry Moreau. .	Chambre de bonne d. . . .	3	2	loc.
V. Roger	Chanson des Ecus (La). . . .	3	1	4 »
P. Henrion . . .	Chanteuse par amour (La) d.	»	1	6 »
E. André. . . .	Chaos (Le).	1	1	4 »
Moreau-Boucherat. . .	Chasse royale d.	troupe	»	loc.
Lebreton-Moreau	Chasseurs Alpins (Les) d . .	6	6	loc.
Ceutat	Chaste Suzanne (La) d. . . .	troupe	»	4 »
Yvel.	Chéri des Dames	troupe		loc.
Dourel, Roydel, E. René	Chevalier Tric-Trac (Le) . .	2	8	loc.
Dourel-Roydel .	Chez la Costumière d. . . .	troupe	»	loc.
Meynard . . .	Chez le dentiste.	3	1	8 »
Lhuillier . . .	Chez les Corniquet	1	»	1 »
C. Rosenquest.	Chicard et Bébé.	1	1	4 »
Bomier.	Chien et Chat d.	4	1	5 »
Boulay-Layrice.	Choc en retour d.	2	2	loc.
Moreau-Gramet. .	Cinq contre un.	3	3	loc.
Villebichot. . .	Cirque Ponger's (Le).	troupe	»	6 »
Bessière.	Clou (Le) d.	2	2	loc.
L. Collin. . . .	Coco Bel-Œil	3	1	6 »
A. Petit	Cocotte et chiffonnier	1	1	5 »
Villemer Delormel Périleaud	Colosse de Rhodes (Le) . . .	3	»	4 »
A. Petit.	Confections pour dames. . .	2	4	5 »
Lebreton-Moreau. .	Conscrits bretons (Les) d. . .	7	5	3 »
L. Collin. . . .	Conscrit tyrolien (Le)	1	1	3 »
E. Brasseur. . .	Constat d'adultère	6	3	loc.
Habrekorn et P. Marc	Contes de Piron (Les). . . .	2	10	loc.
Lebreton-Moreau	Contrôleur des Wagons-Bars (Le) .	5	3	loc.
Lebreton-Moreau. .	Cote et Cocottes.	4	4	3 »
De Roze et d'Arsay	Culotte du marié (scène) (La).	1	»	1 »
Lebreton-Moreau. .	Dans cent ans d.	troupe	»	loc.
Sourilas. . . .	Dégrafée d.	3	3	5 »
Cellier-Gramet.	Demoiselles Plumemboy (Les)	3	4	loc.
Marc Sonal-Pierre Laurey	Départ du régiment (Le) d.	5	10	loc.
L. Lefèvre. . .	Dernier verre (Le).	2	1	4 »
F Barbier . . .	Deux amours de chandeliers.	1	1	5 »
F. Matz.	Deux avares (Les) d.	2	1	8 »
Ch. Hubans. . .	Deux coqs vivaient en paix. .	2	1	6 »
F. Gracia. . . .	Deux estafiers (Les).	2	»	2 »
Vallès-Garnier.	Deux femmes de M. Greebose (Les).	3	2	loc.
M. Chautagne.	Deux muses (Les).	2	»	4 »
F. Barbier. . .	Deux parfaits notaires (Les).	2	»	4 »
Hervé-Lecocq. .	Deux portières pour un cordon d	3	»	4 »
Moreau-Boucherat.	Diable au Moulin (Le) . . .	4	8	loc.
Gramet-Talber.	Doigt coupé (Le)	troupe	»	loc.
Léon Laroche .	Domestique pour rire (Un) .	1	1	4 »
Saint-Maurice. .	Doubles Vierges (Les) d. . .	troupe	»	loc.
Sourilas. . . .	Drapeau jaune (Le) d. . . .	4	2	4 »
Bouvet-Sevry. .	Dupont et Dupont.	4	3	loc.
Bottin, Boulay-Layrice. .	Duriflard	5	2	loc.
J. Domerc. . .	Ecole buissonnière (L'). . .	3	»	3 »
Yver-Septmons.	Eh ! Ohé ! Ladrupette ! d. .	2	»	loc.
Trebla-Croisier.	Elle ! d.	4	1	loc.
Ed. Lhuillier. .	Elle débute ce soir.	1	1	4 »
Delaruelle. . .	El senor Piffardino.	1	1	6 »
Marsay.	En colonne d.	troupe	»	loc.
Lebreton-Moreau. .	Enfant des halles (L') d. . .	3	2	loc.
Jallais Hubans.	Enlèvement des Sabines (L').	troupe	»	loc.
Guillemaud-de Marsan. .	Enfants d'Edouard (Les) d.	2	3	loc.
Lebreton-Duroc	Enragés d.	4	4	loc.
Villebichot. . .	Entre deux jardins.	1	1	4

LE PRESTIGE DE L'UNIFORME

Georges ROSE Fils & H. RYVEZ

Le Prestige de l'Uniforme

VAUDEVILLE EN UN ACTE

Joué pour la première fois au Concert des ARTS

Le 22 décembre 1900

4 H. 2 F.

PARIS
C. JOUBERT, Éditeur, 25, rue d'Hauteville.

Répertoire de la Société Lyrique.

LE

PRESTIGE DE L'UNIFORME

VAUDEVILLE EN UN ACTE

De MM. G. ROSE Fils & H. RYVEZ

PERSONNAGES

DURAND	MM. Stellain.
LE COMMANDANT UNTHEL	St Paul.
L'ORDONNANCE LAGOURDET.	Marius.
L'AUBERGISTE	Mommarts.
LÉONTINE	Mmes Gisèle.
MARGOTON	Karita.

Indications. — Droite et gauche du spectateur. — Les numéros partent de gauche.

La scène représente une salle d'auberge, porte au fond ; 1er plan droite, cuisine ; 2e plan droite, chambre pour Léontine, porte au fond ; 2e plan gauche, chambre du commandant. — Comptoir au fond à droite chaise et table, chaise et table à gauche au fond, sur le comptoir bouteilles et verres.

SCÈNE PREMIÈRE

L'Aubergiste, Margoton, *très occupés à essuyer les tables et à ranger.*

L'Aubergiste, nº 2.

Allons, Margoton, dépêche-toi un peu! Messieurs les officiers ne vont pas tarder d'arriver.

Margoton, nº 1.

Dites donc, not' maître, en attendez-vous beaucoup ?

L'Aubergiste

Certes, il y en aura beaucoup. Tu comprends bien que, comme adjoint, j'ai préparé avec monsieur le maire les billets de logement. Puis, quand le lieutenant du campement a demandé un hôtel pouvant préparer les repas des officiers, le mien s'est trouvé tout indiqué... Ne perdons pas de temps, ils vont arriver d'un moment à l'autre.

Margoton

Ça va vous faire gagner des sous, not' maître, ces grandes manœuvres.

L'Aubergiste

Mais oui... C'est qu'elles n'ont lieu dans la contrée que tous les cinq ans... Pense donc! Tout un corps d'armée qui évolue dans les environs, et toute une brigade qui loge ou campe dans le pays... Et puis, ça me fait plaisir, à moi, de recevoir des confrères car moi aussi je suis officier.

Margoton

Comment ça, officier ?

L'Aubergiste

Ben, oui, puisque c'est moi qui m'occupe de l'office.

Margoton, *battant des mains.*

J' suis bien contente, j' vas voir des mélétaires !

L'Aubergiste

Qué qu' ça peut t' faire ?

Margoton

Tiens, j'en avons jamais vu dans l' village!

L'Aubergiste

Ah ! à propos, ne va pas t'en laisser conter par ces gens-là, hein ?

Margoton

Oh ! Pensez-vous donc qu' ces mélétaires vont s'occuper d'une simple fille comme moi ?

L'Aubergiste, *lui caressant le menton.*

Pourquoi pas ? T'es gentille, et il se pourrait que... Tu comprends que, moi, je ne veux pas que tu tournes mal avec d'autres.

MARGOTON

Avec d'autres que vous, hein?

L'AUBERGISTE, *lui prenant la taille.*

Hé! Hé! Hé!... p't' être ben!

MARGOTON, *le repoussant.*

Voulez-vous m' laisser.

L'AUBERGISTE

Voyons, Margoton, sois donc gentille. Va, je te payerai un bonnet neuf... J' veux que tu m'aimes un peu... (*L'embrassant*) et que tu reçoives les autres...

MARGOTON, *se dégageant, en lui donnant un soufflet.*

Comme cela? (*Elle passe au n° 2*).

L'AUBERGISTE, *se tenant la joue, n° 1.*

Aïe, aïe! Eh ben, oui, comme ça! C'est bien comme ça qu'il faut pour les recevoir... mais pas moi!

MARGOTON

Ni les autres, ni vous! J' veux pas qu'on m' mécanise, na!

L'AUBERGISTE

Allons, te fâche pas! Et descends dans la cuisine le tablier et le bonnet de chef que je t'ai fait coudre; car le chef-cuisinier que j'ai demandé à la ville, pour m'aider à faire le surcroît de cuisine d'aujourd'hui ne peut tarder maintenant.

MARGOTON

Ben, not' maître. (*Elle sort, porte cuisine.*)

SCÈNE II

L'Aubergiste, *puis* **Durand** *et* **Léontine** *qui entrent au fond.*

L'AUBERGISTE, *seul.*

Bonne fille, Margoton, ben jolie!... Mais elle a des gestes un peu vifs! (*A Durand et Léontine qui entrent*) Monsieur... Madame... qu'y a-t-il pour votre service?

(*Durand n° 1, Léontine n° 2, Aubergiste n° 3*).

DURAND, *posant sa valise dans laquelle il y a un uniforme de capitaine.*

Nous désirons une chambre.

LÉONTINE

Non, pardon, deux chambres!

DURAND

Voyons, Léontine...

LÉONTINE

Il n'y a pas de Léontine! Vous connaissez nos conventions: tant que...

DURAND

Léontine, je t'en supplie, pas de disputes devant cet homme... Tu la verras, tu la toucheras... tu en feras tout ce que tu voudras... mais ne parle pas de cela devant un aubergiste.

LÉONTINE

Je m'en fiche: tant que je ne l'aurai pas vu..., rien, là!

DURAND

Enfin, pouvez-vous nous loger?

L'AUBERGISTE

Oui... oui... c'est-à-dire qu'il ne me reste qu'une chambre... tout est retenu pour ce soir.

LÉONTINE

Alors, je ne reste pas ici.

DURAND

Voyons, Léontine, tu ne vas pas recommencer.

LÉONTINE

Il n'y a pas de Léontine... tant que...

L'AUBERGISTE, *à part.*

Tiens, une idée (*Haut*) Pardon, monsieur, madame, il y aurait peut-être moyen de s'arranger: Je vous prêterai ma propre chambre pour cette nuit! (*A part*) Et moi j'irai coucher dans la mansarde à Margoton. Comme il n'y aura pas d'autre lit dans la maison, elle ne pourra pas me refuser!

LÉONTINE

Eh bien! Ça va comme ça: Je coucherai dans la chambre libre, et monsieur dans la vôtre.

DURAND

Voyons, Titine...

LÉONTINE

Oh! la jambe! Il n'y a pas de Léontine! Vous savez...

DURAND, *à part.*

Il vaut mieux que je me taise, elle me servirait encore ses conventions! (*Haut*) Et vous nous servirez à déjeuner dans une pièce séparée, où nous ne soyons pas dérangés.

L'AUBERGISTE

Si monsieur et madame veulent dicter le menu : Je vais prendre note de la commande. *(Il s'assied, tournant le dos à Léontine et à Durand et se prépare à écrire.)*

LÉONTINE, *à Durand.*

Déjeuner seule,en tête à tête avec vous, oh non !

DURAND

Voyons, Léontine.

LÉONTINE

Il n'y a pas de Léontine...

DURAND

Oh, non, assez ! Je le sais par cœur, votre répertoire, ce n'est pas l'heure de la répétition !

LÉONTINE

Vous n'êtes qu'une moule !

L'AUBERGISTE, *écrivant.*

Moules !

LÉONTINE

Qu'une andouille !

L'AUBERGISTE, *même jeu.*

Andouille !

DURAND

Voyons. Léontine, devant cet homme !

LÉONTINE

Zut ! Pied !

L'AUBERGISTE

Pied...*(Interrogeant.)* Pied poulette ou sainte Ménéhould ?

LÉONTINE

Truffe, va !

LÉONTINE

Truffe, va !

L'AUBERGISTE

Pied truffé... c'est tout .. *(Se levant.)* Je vais relire : Moules, andouille, pied truffé... est-ce tout ce que monsieur désire ?

DURAND

Imbécile, va !...

LÉONTINE, *riant. Elle remonte la scène.*

Ah ! que c'est drôle : il veut nous faire manger tous les prénoms de monsieur ! *(Elle passe au 1.)*

L'AUBERGISTE

J'ai fait une gaffe !

DURAND, *n° 2.*

Voyons,à la campagne... pouvez-vous nous faire sauter un lapin ?

LÉONTINE

Un lapin ! ah çà, vous moquez-vous de moi ?

DURAND

Voyons, Titine...

L'AUBERGISTE

Si monsieur et madame veulent bien me le permettre...

LÉONTINE

Oui, vas-y, mon petit père.

L'AUBERGISTE

Voulez-vous du poulet rôti ?

DURAND

Est-il de votre basse-cour ?

L'AUBERGISTE

Oh ! non, mais nous l'avons reçu ce matin des halles de Paris.

DURAND

Alors je n'y tiens pas. Le médecin m'a défendu les viandes blanches.

LÉONTINE

Dites tout de suite que vous me préféreriez une négresse J'en veux, moi, du poulet, entendez-vous ? *(Repassant au 2, à l'aubergiste)* Qu'avez-vous après ?

L'AUBERGISTE, *(n° 3.)*

On peut vous donner des truites.

DURAND, *(n° 1.)*

Merci, le poisson me donne l'urticaire.

LÉONTINE

Parfait !... Il vous faut un régime, à vous ; vous ne pouvez même pas manger comme tout le monde. *(A l'aubergiste)* Vous nous donnerez des truites, du poulet et de la salade. *(L'aubergiste écrit la commande.)*

DURAND, *à part.*

J'ai envie de pêches,... mais... ah ! *(Haut)* Eh, gargottier !...

L'AUBERGISTE, *vexé.*

Gargottier !

DURAND

... des fruits, si vous voulez ; mais pas de pêches, c'est trop sucré, ça nuit à mon diabète.

LÉONTINE

Vous avez le diabète ? Vous devriez vivre à l'hôpital ! Moi j'adore les pêches, et nous aurons des pêches comme dessert !

DURAND, *à part.*

C'est tout ce que je voulais !

L'AUBERGISTE

Eh bien, c'est entendu ; si madame désire que je lui montre sa chambre.

LÉONTINE

Oui. (*Elle se dirige vers la droite ; se retournant, à Durand qui fait mine de la suivre.*) Vous n'avez pas besoin de venir, vous... Vous n'entrerez pas dans ma chambre avant que... vous savez nos conventions !.. (*L'aubergiste sort, suivi de Léontine qui ferme la porte au nez de Durand.*) Nos conventions.

SCÈNE III

Durand, *seul.*

Nos conventions ! nos conventions ! Je suis ridicule, il n'y a pas à dire, je suis tout à fait ridicule. Voilà huit jours que je fais une cour assidue à cette petite femme, et sans résultat. ... Elle a une idée fixe ; et quand une femme a une idée, elle l'a bien, surtout si cette idée est idiote ! Et tout cela pour un quiproquo : Lorsque je lui ai déclaré ma flamme, elle me répondit qu'elle n'accorderait son cœur qu'à un officier, qu'elle adorait la culotte rouge. Pour me ménager ses faveurs, je lui ai dit que moi aussi j'étais officier... ministériel ! Eh bien ! reprit-elle, lorsque vous serez en tenue, je vous accorderai ce que vous désirez. Elle veut me voir en culotte rouge, moi, maître Durand, notaire au faubourg Saint-Germain. Alors j'ai pris un grand parti.,. (*Prenant sa valise et l'ouvrant sur la table de gauche.*) Et ma valise. J'ai amené la belle dans ce village après m'être assuré sur l'annuaire qu'il n'y avait pas de garnison. (*Tirant de la valise un costume de capitaine, puis enlevant sa redingote*). J'ai loué ce costume de capitaine, moi qui n'ai jamais été que soldat de 2e classe, et je vais jouer la petite comédie nécessaire à la réussite de mes projets amoureux. (*Il change de pantalon en se cachant derrière la table : jeu de scène*). Je ne pouvais pas faire cela en ville, il y a de la troupe, et si l'on m'avait vu, j'aurais pu avoir des ennuis : (*Il a complètement revêtu l'uniforme*) Port illégal d'uniforme, cinq ans de prison ! oh, mais non !

SCÈNE IV

Durand, Lagourdet.

LAGOURDET, *entre par le fond et y reste. Voyant Durand.*

Oh ! (*Il salue militairement*).

DURAND, *n° 1. — regardant autour de lui.*

Qui salue-t-il, celui-là ? (*A Lagourdet*) Que désirez-vous ?

LAGOURDET, *n° 2. — l'air ahuri.*

Mon caca... pipi... mon capitaine !

DURAND

Il est fou... où ça, un capitaine ? (*Jetant un regarde sur sa manche galonnée*) Ah oui ! fait'ment ! *Se cambrant, et marchant en se dandinant, à part*) : Faut-il tout de même que j'aie une tournure assez militaire pour que cet imbécile ait reconnu à mon costume de capitaine que j'étais officier !. . C'est-à-dire que... non ! (*A Lagourdet qui reste fixe*) : Hum ! Hum! repos ! S'occupez pas d'moi, scrongnieugnieu! (*A part*) Comment se fait-il qu'il y ait un soldat ici ? (*Haut*) Dites donc, vous êtes de passage ?

LAGOURDET

Mon capitaine,... qué jé suis l'ordonnance du commandant Unthel qui va venir après la critique ?

DURAND

La critique? La critique de quoi? quelle critique ?

LAGOURDET

Mais, mon capitaine, qué jé né sais pas — celle des manœuvres.

DURAND

Quelles manœuvres ?

LAGOURDET

Ben, mon capitaine, les grandes.

DURAND

Comment ! Il y a donc les manœuvres dans le pays ?

LAGOURDET

Mais oui, mon capitaine.

DURAND

Alors il y a des soldats... des officiers... de la troupe, quoi ?

LAGOURDET

Dame, tout le 8e corps, 80.000 hommes.

DURAND, *sursautant.*

Hein ! (*A part*) Si je suis vu dans cette tenue, je suis frit... Au moins cinq ans... Et mes clients... et mon étude... Pendant qu'il en est temps encore, filons. (*Il va pour sortir par le fond et se cogne dans le commandant qui entre*).

SCÈNE V

LES MÊMES, Le Commandant.

DURAND, *n° 3.*

Oh ! pardon, monsieur ! (*Voyant le commandant*). Pincé !

LE COMMANDANT, *n° 1.*

Eh bien, capitaine, qu'avez-vous donc ? (*Durand, son képi à la main, regarde, effaré, autour de lui*) Lagourdet !

LAGOURDET, *s'avançant.*

Présent, mon commandant.

LE COMMANDANT

Cours aux voitures et prends ma cantine que tu porteras dans ma chambre. Allez, ouste ! (*Lagourdet fait demi-tour par principe et sort au fond. Le commandant, bourru et rageur durant toute cette scène, se promène de long en large.*) Tas de brutes ! faire une attaque de flanc avec toutes les réserves en dégarnissant sa droite. Où ont-ils appris l'art de la guerre ?

DURAND, *à part, remontant vers la porte du fond.*

Il ne s'occupe pas de moi... si je filais !

LE COMMANDANT, *lui coupant la retraite.*

Où allez-vous, capitaine ?

DURAND

Nulle part... c'est-à-dire si, je...

LE COMMANDANT

Le commandant, qui fume une cigarette envoie, tout en causant, la fumée dans la figure de Durand qui tousse. Jeu de scène. Durand tire un cigare de sa poche.)

V'lez du feu, voilà ! (*Il donne du feu à Durand, puis, toujours en lui soufflant de temps en temps sa fumée dans le nez.*) Voyons, comprenez-vous ça, vous ? Engager le combat sur le front, dégarnir son flanc, se laisser déborder à gauche, et, engager toutes ses réserves !

DURAND

Ses... ses conserves ?

LE COMMANDANT

Non ! ses réserves. T'nez. (*Il avance la table de gauche*) Voici l'ennemi ! (*Il met sur la table de droite le chapeau de Durand en l'aplatissant.*) Voici vos réserves. Votre gauche est débordée. Comment vous portez-vous à son secours sans engager vos réserves puisque celles de l'ennemi sont l'arme au pied ? (*Il remet la table en place*) Eh bien ?

DURAND

Je... je... ne sais pas ! j'aime mieux m'en aller.

LE COMMANDANT

Savez pas ! savez pas ! Alors, scrongnieugnieu, c' que v's avez sppris à l'école de guerre ?

DURAND

A l'école de guerre ?... Mais je ne suis allé qu'à l'école de droit.

LE COMMANDANT

Qu'est-ce que vous me racontez avec votre droit ?... Qu'est-ce que le droit ou le travers ont à faire là dedans ?... Mais votre compagnie est donc déjà logée que vous êtes ici ? Etes expéditif, vous ! Les hommes ne sont pas encore au cantonnement ! Où est votre compagnie ?

DURAND

La compagnie ?... non !... oui !... ah, mon commandant...

LE COMMANDANT

Vot' compagnie ! savez plus c' que c'est qu' vot' compagnie ? (*D'une poussée, il l'asseoit sur la chaise de droite*).

DURAND

Si... non... ah oui, mon commandant !

LE COMMANDANT

V's avez confié le soin de veiller sur vos hommes au lieutenant, malgré la décision du général ?

DURAND

Mais... non, mon commandant !

LE COMMANDANT

N'êtes pas d'mon bataillon... j'vous connais pas, alors m'en fous !... (*La cigarette du commandant s'est éteinte*) Donnez-moi donc du feu, cap'taine ! (*Il prend le cigare de Durand, rallume sa cigarette, mais met le cigare dans sa bouche et rend au pseudo-capitaine le mégot de cigarette*) Moi, j' suis un père pour mes soldats, scrongnieugnieu !

DURAND, *à part.*

Ça se voit ! Il aime les orphelins.

LE COMMANDANT

Ah, mais n'avais pas r'marqué. Etes du 222ᵉ... curieux : avant d'être commandant au 325ᵉ, j'étais cap'taine au 222. Alors n'êtes pas du 8ᵉ corps... faites pas les manœuvres... permissionnaire ! Et's v'nu voir turbiner les autres !

DURAND

Mais non, mon commandant !

LE COMMANDANT

Où avez-vous servi ?

DURAND

Au 201ᵉ, comme bibi de 2ᵉ classe.

LE COMMANDANT

Ah !... avez passé par les grades... (*A part*) vieille baderne ! Capitaine à 50 ans à l'ancienneté... attend sa retraite ! (*A Durand*) Comment va le colonel du 222ᵉ, le colonel Morel ?

DURAND

Ah mo... Morel... très bien, mon commandant !

LE COMMANDANT

Et le commandant du premier, le commandant Machin ?

DURAND

Chose...

LE COMMANDANT

Vous dis pas Chose, mille pétards, vous dis Machin !

DURAND

Mais... très bien, mon commandant.

LE COMMANDANT

Curieux ! hier m'a écrit qu'il avait la goutte.

DURAND

Ah ! la goutte... la goutte ?

LE COMMANDANT

Mais oui, la goutte. Savez pas c' que c'est qu' la goutte ?

DURAND, *à part.*

Si jamais j'en sors !

LE COMMANDANT, *à part.*

Complètement borné ! (*Haut*) J' crève d' soif, moi. . V's avez soif, capitaine ?... D'vez avoir soif puisque j'ai soif.

DURAND

Ma foi, mon commandant...

LE COMMANDANT

S'... si... trinquerons au 222ᵉ. (*Il envoie à Durand une formidable tape sur l'épaule qui envoie ce dernier s'affaler sur la chaise de droite*) Moi, j' suis un père pour mes soldats, scrongnieugnieu ! la fille !

(*Margoton entre par la porte de la cuisine*).

MARGOTON, *n° 2.*

Que faut-il servir ?

LE COMMANDANT, *n° 1.*

Apportez-nous deux absinthes dans la pièce à côté. Vous v'nez, capitaine ?... M'parlerez d' mon ancien régiment, d'mes anciens camarades, ça m'f'ra plaisir, scrongnieugnieu !

(*Margoton prend au fond deux verres et une bouteille et suit le commandant qui remonte à droite.*)

DURAND, *n° 3, à part.*

Dans quel guêpier me suis-je fourré ?

LE COMMANDANT

Eh bien, capitaine, quand vous voudrez ?

DURAND, *à part.*

Plus souvent !... (*Haut.*) Je suis à vous dans un instant, mon commandant, le temps de donner un ordre à l'aubergiste.

LE COMMANDANT

Dépêchez-vous !... Au sucre ?

DURAND

Qui ça ? l'aubergiste ?

LE COMMANDANT

Mais non, l'absinthe !

DURAND

Oui, oui ! mon commandant,c'est cela.

LE COMMANDANT

Dépêchez-vous ! *(Il sort à gauche, suivi de Margoton.)*

SCÈNE VI

Durand, *seul.*

Si tu m'attends pour boire, tu as le temps de mourir de soif ! Quant à moi, je rentre dans le civil. Zut pour Léontine et pour son amour de la culotte rouge ! *(Il va pour sortir par le fond.)* Bon, l'ordonnance !... Ah ! la chambre de Léontine ! *(Il secoue la porte de droite.)* Fermée ! *(Il ouvre la porte de la cuisine.)* La cuisine... personne! Cachons-nous !*(Il sort.)*

SCÈNE VII

Lagourdet, *puis* **Margoton.**

LAGOURDET, *entre et reste au fond.*

Ouf ! Ça y est. . j'ai porté la cantine du commandant. *(Margoton revient de gauche (n° 1) la bouteille à la main et passe au comptoir (n° 2.)* Oh,la belle créyature !... Elle vous a des estomacs comme qui dirait des obusiers qui se seraient donnés rendez-vous sur son anatomie!... pistt... bonjour, madémoiselle ! *(Il descend en scène. n° 1.)*

MARGOTON, *saluant.*

Monsieur le commandant !

LAGOURDET

Oh... commandant !... pas encore ! Il n'y a qu'un an qué jé suis t'au service, ce qui fait qué jé né suis encore que bibi de 2ᵉ classe... Vous comprenez, n'est-ce pas, suave créyature, qu'au régiment on n'avance qu'à l'ancienneté, alors que j'ai le temps.

MARGOTON

Ah !

LAGOURDET

Mais qué si je suis pas officier, j'ai le cœur d'un maréchal de France dont tout un chacun soldat a le bâton dans sa giberne.

MARGOTON, *naïvement.*

Ah ! Vous avez le bâton ?

LAGOURDET, *lui prenant la taille.*

Mais oui, suave fleur des champs... et qué jé voudrai vous faire voir toute la passion que j'ai pour vous !

MARGOTON

Vous êtes ben honnête, m'sieur le maréchal!

LAGOURDET

Maréchal... pas encore... pour le moment, je n'en ai que le bâton... Et si vous voulez venir avec moi dans votre chambre...

MARGOTON

Ben, et not' maître, qu'est-ce qu'il dirait ?

LAGOURDET

Mais c'est pour le bon motif... je n'ai plus que 370 jours à faire... C'est comme qui dirait pour faire connaissance... Et puis après, si qu'on se plaît mutuellement, qu'on pourra se conjoindre.

MARGOTON

C'est-y vrai qu' vous m'épous'rez ?

LAGOURDET, *levant la main.*

J' vous l' jure !... j'aurai fini en septembre eh bien, le trente et sept février suivant, vous s'rez mâm' Lagourdet. *(Bruit)* V'la l' commandant !... Ben, allons donc faire un tour dans le foin !

MARGOTON

Pourquoi faire ?

LAGOURDET

Pour effeuiller la marguerite ! *(Bruit)* vite, filons ! *(Ils sortent au fond.)*

SCÈNE VIII

Le Commandant, *puis* **Léontine**.

(Le Commandant, seul, entre par la gauche).

LE COMMANDANT

Où diable ce capitaine de malheur est-il passé ? Il me laisse en tête à tête avec son verre ! *(Il remonte, entr'ouvre la porte du fond et reste à regarder dehors, dos au public).*

LÉONTINE, *entrant de droite, (1ᵉʳ plan).*

Tiens, un officier ! Enfin Durand a mis son uniforme ! *(Elle remonte et donne une tape sur l'épaule du commandant et redescend en scène pendant que le commandant se retourne, étonné.)* Eh bien, mon vieux, c'est comme cela que je t'aime. *(Elle se retourne et voit le commandant la regarder avec surprise)* Hein ! Oh, pardon, mon Colonel !

LE COMMANDANT, *redescendant : Commandant n° 1, Léontine n° 2.*

Commandant... seulement ! Mais vous êtes toute pardonnée, belle dame ! *(A part)* Cristi, une si jolie fille dans le village ! *(Haut)* Madame...

LÉONTINE

Mademoiselle... encore !

LE COMMANDANT

Hum ! hum ! encore ?... Mademoiselle, vous me voyez tout surpris et tout ravi de... de la chose... du machin. *(A part)* Scrongnieugnieu ! j'bafouille !

LÉONTINE

Oh, mais moi, je suis enchantée de rencontrer un officier si aimable.

LE COMMANDANT

Vraiment ! Ah. mademoiselle, vous me comblez... Vous êtes à la fois si jolie et si aimable que...

LÉONTINE

Oh ! général !

LE COMMANDANT

Général ?... hum !... si vous voulez !... Permettez-moi, mademoiselle de vous dire que vous êtes adorable !... *(A part)* Je marche! positiv'ment, je marche !

LÉONTINE

Oh ! général !... *(A part)* Il me plaît, celui-là !

LE COMMANDANT, *étonné.*

Général... si vous voulez. Comment se fait-il que j'aie le bonheur de rencontrer une si charmante personne dans cette bourgade ?

LÉONTINE

C'est un vieux serin qui m'a conduite ici.

LE COMMANDANT

Ah ! vous aimez les oiseaux ?

LÉONTINE

Non, j'en sors... des oiseaux.

LE COMMANDANT

Alors... ce serin ?

LÉONTINE

Ah ! lui, c'est un vieux décati qui me fait ...

LE COMMANDANT

Comment un vieux décati se permet de... Où est-il que je lui colle mon sabre dans le ventre ?.. Comment ! Un vieux décati voudrait effleurer de ses lèvres séniles une fleur de jeunesse, de beauté, de candeur comme vous !.. *(A part)* Je marche, positiv'ment, je marche !.. *(Haut)* Alors que des hommes jeunes, vigoureux, seraient fiers de se contenter d'un de vos sourires.

LÉONTINE

Je vous en prie !

LE COMMANDANT

Moi, par exemple, qui, depuis que je vous vois, n'ai plus qu'un désir, celui de baiser vos beaux yeux ! *(Il la prend par la taille. Léontine se laisse embrasser sans résistance).*

SCÈNE IX

LES MÊMES, Durand.

DURAND, *veste, tablier et bonnet de chef. Durand n° 3, Léontine n° 2, Commandant, n° 1. En voyant Léontine et le Commandant enlacés, Durand lâche un plateau chargé*

V'la l'bouquet ! *(Il ramasse le contenu du plateau en baissant la tête et évitant de tourner le visage aux autres personnages.)*

LE COMMANDANT

Imbécile ! *(A part)* Juste au moment où je commençais l'attaque et que la position allait se rendre !.. *(A Léontine)* Vous n'avez pas déjeuné ?... non... moi non plus : Voulez-vous accepter un petit tête à tête ?.. *(A Durand)* Allons, là, le casseur d'assiettes, servez-nous dans ce cabinet !

LÉONTINE, *à part*

Tant pis pour Durand.. C'est pas ma faute, à moi ! ; a culotte rouge, ça m'hypnotise !

LE COMMANDANT, *à Léontine.*

Vous prendrez bien quelque chose avant ? Un peu d'absinthe... oh, pardon, un madère ?.. Moi, je vais boire la verte du capitaine : Il ne revient pas, tant pis pour lui ! *(A Durand qui cache sa figure derrière son bonnet de chef.* Eh là, le ouistiti, deux déjeuners soignés ! *(A Léontine)* Madame, votre bras ! *(Il sort à gauche avec Léontine.)*

LÉONTINE, *en sortant, à part.*

Je sens que je l'aime déjà !

SCÈNE X

Durand, *seul. — Il court à la porte par où ils sont sortis)* :

Eh bien! c'est du propre! Léontine qui va déjeuner avec ce traîneur de sabres! Quel rôle joue-je?... Pour le moment, je ne sais pas trop!... J'avais oublié ma valise ici, heureusement j'ai trouvé ce costume de cuisinier! Diable! Mais on voit mon pantalon rouge, le tablier est trop court!

SCÈNE XI

Durand, l'Aubergiste.

L'AUBERGISTE, *entrant par la porte de la cuisine.*

Ah! vous voilà, vous... ce n'est pas trop tôt!

LE COMMANDANT, *sortant la tête.*

Eh gargottier! Les deux couverts dans ma chambre... beaucoup de poivre, hein! et presto! (*Il referme la porte*).

L'AUBERGISTE, *n° 2.*

Deux couverts, et il est seul... bizarre!... Alors, c'est vous, vous le chef?

DURAND, *n° 1.*

Le capitaine, vous voulez dire... c'est-à-dire non!... Le chef, oui, oui!... c'est moi...

L'AUBERGISTE

Vous avez l'air bien peu dégourdi... enfin! Vous allez mettre deux couverts dans la chambre du commandant et deux dans la chambre n° 11.

DURAND

Vous croyez que c'est bien utile de mettre deux couverts au n° 11?... dans la chambre de cette dame que...

L'AUBERGISTE, *riant.*

Ah oui, la cocotte... elle est venue ce matin avec une espèce de serin dont elle se paye la tête... oh, là, là!

DURAND

A qui le dites-vous?

L'AUBERGISTE

D'ailleurs ça ne me regarde pas... Je vais vous envoyer Margoton qui vous donnera l'argenterie. (*A part, allant à la porte de la cuisine, criant*) Margoton! Margoton!

DURAND, *à part.*

Je ne peux pas rester ainsi à faire le marmiton et le garçon! Comment sortir d'une pareille situation?

L'AUBERGISTE, *criant.*

Eh! Margoton, Margoton! (*Il ouvre la porte du fond en criant.*)

MARGOTON, *entrant par le fond, toute débraillée, de la paille dans les cheveux. — position: Aubergiste n° 3, Margoton n° 2, Durand n° 1.*

Voilà, not' maître!

L'AUBERGISTE

Où étais-tu donc?

MARGOTON, *naïvement.*

J'étais à voir le bâton de maréchal de monsieur Lagourdet!

L'AUBERGISTE, *furieux.*

Malheureuse! Qu'est-ce que c'est que ce gourdiflot-là?

MARGOTON

C'est un pays... l'ordonnance du commandant.

L'AUBERGISTE

Je tirerai ça au clair. Mets les couverts avec l'extra!... L'ordonnance... le bâton... hum! (*Il sort par la cuisine.*)

SCÈNE XII

Durand, Margoton.

DURAND, *n° 1.*

Ah! une idée... Dites, Margoton, voilà 20 francs!

MARGOTON, *n° 2.*

C'est vingt sous.

DURAND

Ça ne fait rien, garde tout!

MARGOTON

Pourquoi faire?

DURAND

Donne-moi ta camisole, ton bonnet !

MARGOTON

Mais pourquoi ?... j' veux pas !

DURAND

Je t'expliquerai après... voilà re-vingt francs !

MARGOTON

Du moment que vous êtes si poli ! (*Durand met le bonnet et la camisole ; il se fait des nichons avec un linge quelconque*). Vous savez qu'on voit vot' culotte.

DURAND

Maudite culotte, cause de tous mes tracas... Ah ! ton jupon !

MARGOTON

Oh non !

DURAND

Voilà re-re-re vingt francs ! (*Margoton lui donne sa jupe*). Merci ! Maintenant, file, file vite !

MARGOTON

Mais il est fou ! (*Elle sort par le fond.*)

SCÈNE XIII

Durand, *puis* Lagourdet, *un peu gris.*

DURAND

De cette façon, je ne puis être reconnu, je vais filer à la gare. Une fois dans un compartiment seul, je redeviens maître Durand. (*Il va prendre sa valise à droite, n° 1*).

LAGOURDET, *entrant par le fond, n° 2.*

Je crois que j'ai un peu bu... pistt... Margoton ! (*Durand, naturellement, tourne le dos à Lagourdet*).

DURAND

L'autre, à présent ! Que le diable l'emporte !

LAGOURDET

Eh bien, ma crotte, tu ne viens pas finir de causer avec ton petit Lagourdet ?

DURAND, *voix pointue.*

Non, peux pas !

LAGOURDET, *descendant.*

Tiens, ça t'a enrouée ; j' te disais bien qu'il valait mieux aller dans ta chambre que dans le foin !... (*Le touchant*) Et puis... tu sais, c'est pas du premier coup qu'on peut faire connaissance... Si tu veux être mâm' Lagourdet dans 730 jours, viens, viens encore ! (*Il prend Durand par la taille et cherche à l'embrasser*)...

DURAND, *le repoussant.*

Ah ! fichez-moi la paix, vous !

LAGOURDET

Eh bien, qu'est-ce que tu as donc, maintenant ? (*Il l'attire*).

DURAND

Tiens ! (*Il lui donne un soufflet et passe en n° 2.*

LAGOURDET, *n° 1.*

Aïe ! Aïe ! à l'assassin !

DURAND

Ta bouche ! (*Il lui saute dessus*).

LAGOURDET

Ah ! Vieille rosse ! (*Bataille*).

SCÈNE XIV

Tous les personnages de la pièce entrent brusquement.

(*Léontine 1, Commandant 2, Lagourdet 3, Durand 4, Aubergiste 5, Margoton 6*).

TOUS

Qu'y a-t-il ? Une bataille ?

LE COMMANDANT

Comment ! Mon ordonnance qui bat une femme !... (*Il le prend par l'oreille et le fait passer en n° 1. Tous les autres reculent d'un n°*) Ah, mon gaillard ! Qu'est-ce que cela veut dire ?

MARGOTON, *reprenant son bonnet et sa camisole.*

Vous chiffonnez mon bonnet ! (*Le jupon tombe, Margoton le ramasse. Durand reste en tablier et veste de chef*).

L'AUBERGISTE

Mais c'est mon chef ! (*Il lui arrache la veste et le tablier*) Vous vous battez chez moi ; rendez votre tablier ! (*L'Aubergiste sort en emportant les effets. Durand reste en capitaine*).

(*Lagourdet 1, Léontine 2, Commandant 3, Durand 4, Margoton 5.*)

LAGOURDET

Le capitaine ! (*Il recule en se cachant, et va passer en 5 près de Margoton : Les 4 autres remontent d'un n°.*)

LÉONTINE

Mais non, c'est Durand !

LE COMMANDANT

Qui ça Durand ?

LÉONTINE

Lui, mon serin !

LE COMMANDANT

Ah c'est vous l'serin... (*le regardant*) !... (*A Léontine*) Mais non, c'est le capitaine !... (*A Durand*) Ah çà ! Capitaine, m'expliquerez-vous ce déguisement ?

DURAND

Mais, monsieur...

LE COMMANDANT

Taisez vous !.. et Répondez-moi ! mille tonnerres ! Comment se fait-il que vous, officier, vous fassiez de semblables singeries ?

DURAND

Mais monsieur...

LE COMMANDANT

Il n'y a pas d'mossieur ! N'y a qu'un s'périeur qui vous d'mande compte de votre conduite !

LÉONTINE, *à part.*

Comme il est beau ! Je l'adore ainsi !

DURAND

Mon Commandant, je ne suis qu'officier... ministériel.

LE COMMANDANT

M'nistériel ! Signifie ça ? m'nistériel !... êtes huissier, notaire... pékin, quoi ?

DURAND

Maître Durand, notaire à Paris, faubourg Saint-Germain.

LÉONTINE, *passant à Durand.*

Alors, vous n'avez pas le droit de porter la culotte rouge ?

DURAND

Mais je me tue à le dire ! Je ne la portais que pour vous plaire !

LÉONTINE

Je m'en doutais !... Alors je garde le commandant.

LE COMMANDANT, *la prenant par la taille.*

Oh, amour, va !... Quant à vous, monsieur, remettez vite votre costume civil ou je vous fais arrêter pour port illégal d'uniforme.

L'AUBERGISTE, *entrant du fond et y restant.*

Madame est servie ?

LÉONTINE

Commandant, votre bras... (*A l'aubergiste.*) Ah ! patron, le dîner que j'ai commandé, servez-le chez le commandant.

LAGOURDET

Margoton, si tu veux être madame Lagourdet, laisse ta chambre ouverte ce soir... que nous finissions de faire connaissance. (*Léontine et le commandant enlacés à gauche, Lagourdet et Margoton enlacés à droite, Durand au milieu.*)

DURAND

Le voilà bien, le prestige de l'uniforme !

RIDEAU.

Vannes. — Imprimerie LAFOLYE, 2, place des Lices. — 4151-1901.

AUTEURS	TITRES DES ŒUVRES	Hommes	Femmes	Prix nets	AUTEURS	TITRES DES ŒUVRES	Hommes	Femmes	Prix nets
Lebreton-Duroc	Entresol d'Eugène d.. . . .	4	6	loc.	Moyne-Jacoutot. .	Mamzelle Claudinette d. . .	3	2	loc.
Garnier-Vallès.	Erreur de Bridouille (L'). . .	3	2	loc.	Par Nemo-Celval..	Mamzelle Culot.	troupe	»	loc.
Banès. . . .	Escargot (L')..	2	3	6 »	De Lajarte.	Mam'zelle Pénélope d. . .	3	1	7 »
A. Pajol. . . .	Esprits d'Argenteuil (Les). .	5	2	loc.	De Champclos-Jacquin	Mamz'elle Phryné.	3	1	loc.
D. Dihau.. . .	Eternel roman (L')..	1	1	4	Fransois. . . .	Mandat (Le) d.	7	3	loc.
Garnier-Vallès.	Exploits de Malichard (Les).	6	4	loc.	Jouhaud. . . .	Mariages riches.	1	1	3 »
L. Bouvet-Ch. Darantière	Extras de Balochard (Les). d.	4	4	loc.	Moniot.	Marianne et Jeannot d. . . .	1	2	8 »
St-Paul-G. Rose, fils.	Fais ça pour moi..	3	2	loc.	Tollet-Frot . .	Marié sans l'être.	4	»	3 »
F. Beauvallet. .	Faites le jeu, Messieurs d .	3	1	loc.	Moreau-Duroc..	Maris jaloux (Les).	5	2	loc.
Moreau-Gramet	Famille Nitouche (La). . . .	3	4	loc.	Simiot. . . .	Mariés de Nanterre (Les).. .	1	2	4 »
Lebreton-Moreau.	Farces du Printemps (Les) d	6	4	loc.	Beissier-Sciama	Mars et Vénus	3	2	loc.
St-Agnan Choler	Faut du prestige (vaud.) d. .	3	2	loc.	Moreau Boucherat	Médjidié (Le).	3	1	loc.
Lebreton-Duroc	Faut que j'casse la g. à Baptiste d	5	3	loc.	Gresset-Bernard	Méfiez-vous d'Oscar d.. . . .	3	2	loc.
Flers.	Femina d.	troupe	»	loc.	E. André . . .	Melon (Le) (monologue saynète)	1	»	2 »
Ch. Gabet . . .	Femme de Valentino (La) d.. .	2	2	loc.	Moreau-Darsay.	Ménage Poire (Le).	2	2	loc.
F. Chaudoir. .	Fête à Claudine (La).	1	1	4 »	Desormes. . . .	Menu de Georgette (Le). . .	3	2	8 »
E. Duhem. . .	Fête à M. le Maire (La). . .	5	2	4 »	Ch Gabet . . .	Mérite des femmes (Le) d .. .	4	4	loc.
Dorfeuil-Bouvet	Fiancé des Nourrices (Le) d.	4	5	loc.	Soudant-Moreau	Mimi Vadrouille	troupe	»	loc.
Javelot.	Fiancés berrichons (Les) . .	1	1	3 »	Lebreton-Moreau. .	Miss Kissmy d.	5	5	loc.
Soulié	Fiancés du bonnet de coton (Les)	1	1	5 »	Beissier.. . .	Miss Million d.	troupe	»	loc.
L. Vasseur. . .	Fichue idée d.	2	1	5 »	Bessier-Moreau.	Môme aux Camélias (La) d. .	troupe	»	loc.
Brigliano-Talber. .	Fichue situation d	4	4	loc.	Bessière-Ruffier	Môme aux grands yeux (La) d	8	6	loc.
Liouville. . . .	Fièvre phylloxérique (La). .	3	2	4 »	Chassaigne. . .	Monsieur Auguste d.	1	1	3 »
Bertrié	Fille du charpentier (La). .	3	1	5 »	Garnier-Vallès .	Monsieur ma belle mère. . .	2	3	loc.
Lebreton-Moreau .	Fille du marin (La) d. . . .	8	7	loc.	Lebreton-Moreau..	Monsieur Sans Gêne d. . .	troupe	»	loc.
Bourel, Hoydel, E. Hervé.	Filles de Cornenville (Les) .	4	7	loc.	Blairal-Neuzillet . . .	Mouche (La) d.	5	7	loc.
Lebreton-Soudant.	Filles de la Cantinière (Les) d	7	4	loc.	Moreau-Touzé .	Mouche du Coche (La). . . .	4	2	loc.
Lebreton-Moreau..	Fils à Papa (Le) d	4	7	loc.	Joly.	Myope et presbyte d.	1	1	4 »
Chanlieu et Bataille	Fils de M. Alphonse (Le) (vaud.) d.	5	2	loc.	Desormes. . . .	Nègre de la Porte St-Denis (Le)	3	3	3 »
Duroc-Mailfait.	Five O'Clock de la Baronne.	7	2	loc.	Dorfeuil-Moreau. .	Nez de Cyrano (Le) d. . .	troupe	»	loc.
Villebichot. . .	Fleuriste et typographe. . .	1	1	5 »	E. Lhuillier.. .	Nez enchanté (Le).	1	1	3 »
Lebreton-Talber	Foire aux nichons (La) d . .	7	7	loc.	Lebreton-Blairat	Ninie la Rouquine d	5	3	loc.
Pradels-Quinel.	Fosse aux ours (La).. . . .	4	4	loc.	Herpin.	Noce à Grospoulot (La).. . .	5	7	loc.
Lemonnier. . .	Françoise les bas bleus d. .	troupe	»	loc.	F. Barbier. . .	Noce à Suzon (La).	1	1	4 »
Moreau-Soudant	Francs-tireurs de la mort (Les)	troupe		loc	L. Collin. . . .	Noces d'or (Les).	2	1	5 »
Lebreton-Beissier. . .	Frangine (La) d.	7	6	loc.	Bouvet-Darantière .	Nos bons touristes d.	5	4	loc.
Lévy-Merset.. .	Fantrognon d.	8	11	loc.	Lebreton-Beissier . .	Nos Marsouins en Chine d. .	7	4	loc.
Lebreton-Moreau .	Frère de lait (Le)	1	2	4 »	Moreau-Gramet.	Nos petites Chattes..	3	3	loc.
Carin-Tomy.. .	Friper's and Cᵒ d.	5	9	loc.	Dorfeuil-Guillemaud-				
Lebreton-Moreau..	Friquet d.	9	7	loc.	Duharnois. . .	Nos pioupious d	6	4	loc.
Cieutat.	Furet (Le)	»	1	4 »	Lebreton-Moreau..	Nos voisins d.	6	6	loc.
Moreau-Touzé .	Gai gai mariez-vous !. . . .	4	3	loc.	V. Roger. . . .	Nourrice de Montfermeil (La)	2	3	6 »
Moreau-Darsay .	Gaîtés du bastion (Les) . .	5	3	loc.	Ch. Gabet . . .	Nouvel Achille (Le) (vaud.) d	5	1	loc.
Seraine	Garde champêtre de Corneville (Le)	1	»	1 »	Touzé Prud'homme	Nuit de Noces de Beauflanchet	6	4	loc.
Lebreton-St-Paul . .	Gontran se marie.	3	2	loc.	Jacobi. . . .	Nuit du 15 octobre (La) d. .	3	1	6 »
Froyez-Colias. .	Grand Duc Moleskine (Le) d.	6	6	loc.	A. de Lorde . .	Old Nubian's Black !	1	2	loc.
Lefort	Grand papa de la chanson (Le) d	1	1	3 »	Dédé fils. . .	Oncle et Neveu..	3	»	3 »
Lebreton-Blairat. .	Grenouille (La) d.	4	2	loc.	Louis Bouvet. .	Oncle Maboulin (L').	4	4	loc.
Hervo-Merki . .	Grève des Boulangers (La). .	5	»	1 »	Marc-Sonal-Grébon . .	On demande des jolies femmes	6	11	loc.
Moreau-Marcus.	Grève des facteurs (La). . .	2	2	loc.	Bessière-Ruffier.	Ordonnance Bezuchet (L') . .	2	2	loc
M.-Brisac . . .	Guerre aux hommes (La) d.	6	7	loc.	St-Paul-G. Rose, fils.	Ordonnance malgré lui. . .	3	2	loc.
Lebreton-Nicolaïe.	Gueule d'Or d	6	6	loc.	Berthelot-Roland .	Othello chez Thaïs d	4	10	loc.
Lebreton-Moreau .	Héritière des Carapattas (L') d	8	8	loc.	Pacra Emmecé.	Où est le père.	8	4	loc.
Villebichot. . .	Hirondelles de la rue (Les).	»	2	3 »	Dufils..	Paille et la Poutre (La).. . .	»	2	6 »
Lebreton-Blairat	Homme pâle (L') d.	4	2	loc.	Billemont.. . .	Pantalon de Casimir (Le).. .	1	1	6 »
Lebreton-Duroc.	Hôtel d'Artistes d.	troupe	»	loc.	A. Petit.. . . .	Par autorité de Justice d.. .	7	9	loc.
Lebreton-Duroc	Hôtel de Noblepanne d. . .	4	4	loc.	Dorfeuil-Moreau	Paris aux Courses d.	troupe	»	loc.
Darantière et Bouvet	Hôtel du lac bleu (L') d. . .	7	6	loc.	F. Barbier. . .	Par la fenêtre.	1	1	4 »
Dourel-Heydel-Jost. . .	Hôtel modèle d.	7	7	loc.	Lambert-Lebreton .	Par la Gymnastique d. . . .	2	2	loc.
E. Barbé-de Téramond	Huissier des beaux jours (l').	3	2	loc.	Henry Moreau..	Partie de Campagne d. . . .	troupe	»	loc.
Autigeon-Dourel. .	Hypnotiseur malgré lui (L') d	3	2	loc.	Ed. Lhuillier. .	Pasquinette.	1	1	3 »
Moniot.	Jacotte.	1	1	5 »	Bénédite-Jaucourt.	Le pays Vierge d..	8	4	loc
Liger-Aubrun .	J'ai perdu Virginie.	3	1	loc.	Moreau-Darsay.	Pension Carabin (La)	5	4	loc.
Nargeot	Jeanne, Jeannette et Jeanneton d	2	3	8 »	Albert Lambert.	Père Suroit (Le) d	3	1	loc.
Michiels . . .	Jefque et Trinne.	1	1	4 »	Offenbach-Roques	Péri-Collé (Parodie de Périchole).	2	1	2 50
Lebreton-Soudant. .	J'épouse ma bonne d	5	4	loc.	Perrault-Maty .	Perruche de ma femme (La) d	4	3	loc.
A. Perronnet. .	Je reviens de Compiègne. . .	»	1	4 »	Tréblat-St-Cyr.	Personne (drame en 5 minutes)	2	1	1 »
Yvel.	Jeune homme du Tunnel (Le) d	3	3	loc.	Bouvet-Schmoll	Petit Assommoir (Le) d. . .	6	6	loc.
Bernicat . . .	Jeunesse de Béranger (La). .	3	1	6 »	L. Collin. . . .	Petit Spahi (Le).	3	3	5 »
Lebreton-Moreau. .	Jocrisses du mariage (Les) d.	troupe	»	loc.	Lebreton-Moreau. .	Petite baronne (La) d.. . .	6	9	loc.
B. Lebreton. .	Joies du divorce (Les) d . .	troupe	»	loc.	Linas.	P'tite bête vit encore (La) d.	1	1	4 »
L. Collin. . .	Journée aux soufflets (La). .	1	1	4 »	Lebreton-Moreau.	Petite colonelle (La) d. . .	7	3	loc.
Fransois-Derys.	Jules d	1	1	loc.	id.	Petites Menichons (Les) d. .	troupe	»	loc.
Herpin.	Ki-Ki-Ri-Ki d.	troupe	»	loc.	A. Petit.. . . .	Petits lapins (Les) d. . . .	4	9	loc.
Soudant. . . .	Lâchée.	5	1	loc.	Maurey et Jimbu	Petits Trottins (Les) d . .	5	6	loc.
Desormes. . . .	Leçon de musique (La).. . .	1	1	4 »	Lebreton-Moreau.	Petits Zouzous (Les) . . .	troupe	»	loc.
J. Clérice. . . .	Léda d.	troupe	»	loc.	J. Clérice. . . .	Phrynette d.	5	9	loc.
A. de Lorde . .	Lettre (La) d.	1	2	loc.	André.	Picotin (Le).	1	2	loc.
Cazaneuve. . .	Loi du pal (La) d.	troupe	»	5 »	Lebreton-Beissier	Piston de Clémentine (Le). .	3	2	loc.
Herpin.	Lune de Miel (La) d.	troupe	»	loc.	H. Alavoine. .	Plumechat et Cie d	4	6	loc.
L. Péricaud et Villemer	Lune de Miel normande. . .	1	1	1 »	F. Barbier. . .	Points jaunes (Les).. . . .	1	1	5 »
Moreau-Gramet.	Ma Colonelle.	2	2	loc.	Desfossez-Piccolini	Pommes d'amour (Les) . . .	6	4	loc.
Clairville fils. .	Madame la baronne d. . . .	1	1	4 »	Cinoh-Verdellet	Pompier d'Endoume (Le) . .	troupe	»	loc.
Wachs.	Madame le docteur..	2	1	4 »	Gresset-Bernard-				
V. Roger. . . .	Mademoiselle Louloute. . . .	2	2	5 »	Letoroy.	Pompier d'Ernestine (Le) d .	2	2	loc.
Bessière-Marinier..	Maire et Martyr d.	3	2	loc.	Autigeon-Dourel.	Poste restante 222 d. . . .	4	3	loc.
Talexy.	Maître Grelot.	4	1	7 »	F. Barbier. . .	Poupée automate (La). . . .	1	1	5 »
Bouvet.	Major Purjotin (Le).	4	3	loc.	St-Paul-G. Rose, fils.	Pour avoir la fille.	4	3	loc.

AUTEURS	TITRES DES ŒUVRES	Hommes	Femmes	Prix nets	AUTEURS	TITRES DES ŒUVRES	Hommes	Femmes	Prix nets
Fay	Pour qui le gosse ?	2	3	loc.	[illegible]avelot	Un amour d'épicier	2	1	4 »
A. Lambert	Première brouille (La) comédie.	»	1	1 »	Cardet-Lannoy	Un bon ami	2	1	loc.
Couturet	Premières amours d.	4	1	loc.	D. Fay	Un bon tuyau	9	4	loc.
F. Barner	Premières armes de Parny (Les)	1	3	5 »	P. Henrion	Un charcutier dans les fers	1	1	4 »
G. Roseti-s-H. Ryv z.	Prestige de l'uniforme (Le)	4	2	loc.	Chassaigne	Un Coq en jupons	1	1	4 »
Moreau	Professeur de chant (Le)	1	1	3 »	Banès	Un do malade	2	1	5 »
De Ste-Croix	Pygmalion d.	1	2	4 »	Wachs	Un domestique pour rire	1	1	4 »
Garnier-Héros	Queue du Diable (La) d.	troupe	»	loc.	Moreau-Gramet	Un dragon pour deux	3	2	1 »
Delilia-Héros	Qui va à la Chasse	2	2	loc.	G. Laurens	Un futur sur le gril	2	1	4 »
L. Collin	Qui se dispute s'adore	1	1	3 »	Ch. Malo	Un gendre à poigne	2	2	5 »
Ch. Lecocq	Rajah de Mysore d	troupe	»	8 »	H. Levavasseur	Un grand criminel	4	2	loc.
Villebichot	Réponse du Berger (La)	1	1	4 »	Pericaud	Un hercule qui ne veut pas se rouiller	2	1	4 »
Moche	Retour de Colombine (Le)	2	1	4 »	St Paul	Un jour d'audace	4	2	loc.
Jacoutot	Retour de Kerdrec (Le)	2	1	4 »	Cambillard	Un mariage à la force du poignet	1	1	3 »
Meugé	Retour de Margotte (Le)	1	1	4 »	Ch. Malo	Un mariage au flageolet	1	1	4 »
L. Collin	Retour de Musette (Le)	1	1	4 »	Dauphin	Un mariage en Chine d.	4	1	6 »
Autigeon-Dourel	Revanche de Verluisant (La) d	5	2	loc.	F. Bernicat	Un mari à l'essai	1	1	4 »
Autigeon-Dourel-[illegible]	Revenants (Les) d.	3	3	loc.	Pericaud	Un mari en grande vitesse	3	1	4 »
Marsèle-A. de Lorde	Rêves d'un soir d.	1	1	loc.	L. Collin	Un mauvais conscrit	2	»	4 »
St-Paul	Revue interdite	4	4	loc.	Blanchard de la Bretesche	Un mois de clou d.	3	2	loc.
Lhuillier	Risette	»	1	1 »	Chassaigne	Un 1er jour de ménage	1	1	4 »
Ch. Thony	Robes et Manteaux d.	5	9	loc.	F. Barbier	Un souper chez Mlle Contat	»	2	5 »
F. Chaudoir	Roi Claquette (Le) d.	3	3	6 »	Bernicat	Une aventure de la Clairon	2	2	6 »
Desormes	Roland furieux	3	1	5 »	Lebreton-Blairat	Une Consultation d.	4	3	loc.
L. Desormes	Romance impossible (La)	2	»	2 »	Garnier-Vallès	Une Corbeille de Noce	5	3	loc.
Busnach	Rosière de Valentino (La) d.	2	2	loc.	E. André	Une drôle de Marquise	2	1	3 »
Michiels	Rosière d'Interlaken (La)	1	1	4 »	Claments	Une étoile d'antichambre d.	2	1	5 »
Ch. Gabet	Ruy Black (v.) d.	[illegible]	6	loc.	Jouhaud	Une femme du quart de monde	2	1	4 »
Claments	Saint-Yvon (La) d.	2	1	5 »	Villebichot	Une femme qui bégaie d.	3	2	6 »
Ch. Lecocq	Sauvons la caisse d.	1	1	6 »	L. Roques	Une femme tombée du Ciel	1	1	5 »
Malrat-Febvre-Bonnamy	Septième Escouade (La) d.	8	7	loc.	Villebichot	Une fille à trucs	3	1	4 »
Darantière-Bouvet	Sergent Sans-Souci (Le) d.	6	6	loc.	Liouville	Une fille en loterie	2	1	4 »
R. Planquette	Serment de Mme Grégoire (Le)	1	1	8 »	Touzé-Monjardin	Une intrigue chez les Mouchamiel	2	1	loc.
Lebreton-Soudant	Serment du marin (Le) d.	4	2	loc.	Desormes	Une lune de miel normande	1	1	4 »
Lebreton-Moreau	Signe de Léda (Le) d.	8	8	loc.	L. Collin	Une mariée sans mari	1	1	4 »
Ouvier	Simone et Boquillon	2	1	5 »	Ed. Lhuillier	Une marine à la vapeur	1	1	3 »
Lebreton-Duroc	Soir de Noce d.	4	4	5 »	Desormes	Une mauvaise connaissance	3	2	5 »
Mailfait	Soirée bourgeoise	2	2	loc.	Moreau-Darsay	Une mauvaise nuit	2	2	loc.
Leserre	Soirée d'amateurs. pochade	5	»	1 »	Moreau-Dorfeuil	Une nuit de Paris d.	troupe	»	loc.
Lebreton-Moreau	Soldat !	5	5	loc.	Bouvet-G. H.	Une nuit chez les Grafouillot d.	4	3	loc.
Bernard-Gresset	Souffleur par amour d.	3	1	loc.	Duhem	Une partie à Robinson	2	2	4 »
Meyan	Soupirs du cœur	3	2	5 »	L. Martin	Une partie de pêche	5	4	loc.
Ch. Malo	Souviens-toi de Clémentine	2	1	4 »	Wachs	Une pleine eau à Chatou	2	1	4 »
Moreau-Darsay	Spiritisme des Familles	4	4	loc.	Bernicat	Une poule mouillée	1	1	4 »
Tac-Coen	Suzette, Suzanne et Suzon	1	3	loc.	Lebreton-St-Paul	Une Rosserie	2	2	loc.
Levavasseur	Tante d'Amérique (La)	3	3	loc.	De Paniagua	Une sale Histoire d.	3	2	loc.
Wachs	Tata chez Toto	2	1	4 »	Chassaigne	Une table de café	2	»	4 »
Lempereur et Primard	Témoin (Le)	3	1	loc.	Robillard	Une tempête conjugale	1	1	4 »
Lambert-Lebreton	Terre-Neuve d.	3	5	loc.	Liger-Aubrun	Urticaire (L')	4	1	loc.
Marc Sonal	Théophile	2	1	loc.	R. Planquette	Valet de cœur (Le)	1	1	4 »
Chassaigne	Toc	2	2	loc.	I. Walter	Végétariens (Les) d.	7	2	loc.
Hervé	Toinette et son carabinier	2	1	5 »	Robillard	Vengeance de Ramolli (La)	2	1	4 »
Bessier-de Gorsse	Tonton d.	3	3	6 »	L. Roques	Vénus infidèle (Retour de mars) d.	1	2	4 »
Wachs	Totor et Titine	1	1	loc.	Autigeon	Vie de garçon (La) d.	6	6	loc.
Hubans	Tour de Moulinet (Le) d.	2	1	8 »	Lebreton-Moreau	Vierges du chahut (Les) d.	5	10	loc.
Cartier	Train des Maris (Le)	2	2	4 »	Desgranges	Vieux Sorcier (Le) d.	3	2	loc.
Moreau-Duroc	Tranquil'hôtel	5	4	4 »	Lebreton-St-Paul	Vingt-cinq minutes d'arrêt	2	2	loc.
Moreau-Darsay	Trente mille francs par an	2	2	loc.	Burani-Planquette	Vingt-huit jours de Champignolette d.	6	4	loc.
Lebreton-Moreau	Treize jours d'un Parisien (Les) d.	troupe	»	loc.	Vallès-Talber	Vingt-huit jours de Gorenflot (Les)	7	3	loc.
id.	Treizième spahis (Le) d.	troupe	»	loc.	Ratcée-Bordeaux	Vive la Classe d.	6	8	loc.
Ch. Gabet	Trésor des Dames d.	2	1	loc.	Normand-Vallès	Vive les Bleus	7	4	loc.
Lebreton-Moreau	Trio de troupiers d.	7	5	loc.	Lebreton-Moreau	Vocation d'Isoline (La)	1	2	5 »
Lebreton Téramond	Trois Gosses (Les)	4	4	loc.	Jacobi	Voilà l'plaisir, mesdames	1	1	4 »
Bouvet	Trois hercules pour une femme	3	2	loc.	Ch. Hubans	Voiture à vendre d.	2	»	4 »
Bessière	Troisième du trois (La)	6	6	loc.	Lebreton-Moreau	Volontaire de 92 (Le) d.	7	2	4 »
Lebreton-Moreau	Trois Maçons (Les) d.	4	2	loc.	Tac-Coen	Volontaire et vivandière	1	1	4 »
Lambert-Lebreton	Truc du Pharmacien (Le)	4	1	loc.	P. Talber-Delattre	Volupté des dames (La)	4	3	loc.
L. David	Tu l'as voulu d.	3	1	6 »	Guy-Nory-Marius	Zidore d.	6	7	loc.
Héros-Jost	Tziganio dans les Ménages (La) d.	troupe	»	loc.					

Livrets d'opérettes et de vaudevilles, net : 1 franc.

Vannes. — Imp. Lafoly c. — 4151-1901

www.ingramcontent.com/pod-product-compliance
Ingram Content Group UK Ltd.
Pitfield, Milton Keynes, MK11 3LW, UK
UKHW021022220726
13924UKWH00001B/131